Gestão de pessoas

COLEÇÃO PRÁTICAS DE GESTÃO

Série
Gestão

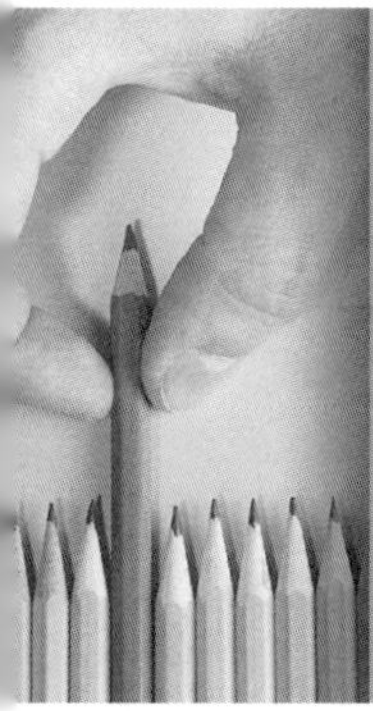

Gestão de pessoas

Victor Cláudio Paradela Ferreira

FGV
EBAPE
EDITORA
IDE
• online

Direitos desta edição reservados à
Editora FGV
Rua Jornalista Orlando Dantas, 37
22231-010 | Rio de Janeiro, RJ | Brasil
Tels.: 0800-021-7777 | 21-3799-4427
Fax: 21-3799-4430
editora@fgv.br | pedidoseditora@fgv.br
www.fgv.br/editora

Impresso no Brasil | *Printed in Brazil*

1ª edição, 2012; 1ª reimpressão, 2014; 2ª reimpressão, 2015.

Revisão de originais: Natalie Lima
Projeto gráfico e editoração eletrônica: Flavio Peralta / Estudio O.L.M.
Revisão: Fatima Caroni e Sandro Gomes
Capa: aspecto:design
Imagem da capa: © Stocksnapper | Dreamstime.com

Ficha catalográfica elaborada pela
Biblioteca Mario Henrique Simonsen/FGV

Ferreira, Victor Cláudio Paradela

Gestão de pessoas / Victor Cláudio Paradela Ferreira. – Rio de Janeiro : Editora FGV, 2012.

68 p. – (Coleção Práticas de Gestão. Série Gestão)

Inclui bibliografia.
ISBN: 978-85-225-0980-5

1. Administração de pessoal. 2. Pessoal – Avaliação. 3. Pessoal – Treinamento. I. Fundação Getulio Vargas. II. Título. III. Série.

CDD – 658.3

Sumário

Apresentação

Este livro faz parte da Coleção Práticas de Gestão, coletânea das disciplinas que compõem os cursos Superiores de Tecnologia da Fundação Getulio Vargas, oferecidos a distância pelo FGV Online.

A FGV é uma instituição de direito privado, sem fins lucrativos, fundada em 1944, com o objetivo de ser um centro voltado para o desenvolvimento intelectual do país, reunindo escolas de excelência e importantes centros de pesquisa e documentação focados na economia, no direito, na matemática, na administração pública e privada, bem como na história do Brasil.

Nesses mais de 60 anos de existência, a FGV vem gerando e transmitindo conhecimentos, prestando assistência técnica a organizações e contribuindo para um Brasil sustentável e competitivo no cenário internacional.

Com espírito inovador, o FGV Online, desde sua criação, marca o início de uma nova fase dos programas de educação continuada da Fundação Getulio Vargas, atendendo não só aos estudantes de graduação e pós-graduação, executivos e empreendedores, como também às universidades corporativas que desenvolvem projetos de *e-learning*, e oferecendo diversas soluções de educação a distância, como videoconferência, TV via satélite com IP, soluções *blended* e metodologias desenvolvidas conforme as necessidades de seus clientes e parceiros.

Desenvolvendo soluções de educação a distância a partir do conhecimento gerado pelas diferentes escolas da FGV – a Escola Brasileira de Administração Pública e de Empresas (Ebape), a Escola de Administração de Empresas de São Paulo (Eaesp), a Escola de Pós-Graduação em Economia (EPGE), a Escola de Economia de São Paulo (Eesp), o Centro de Pesquisa e Documentação de História Contemporânea do Brasil (Cpdoc), a Escola de Direito do Rio de Janeiro (Direito Rio), a Escola de Direito de São Paulo (Direito GV), o Instituto Brasileiro de Economia (Ibre) e a Escola de Matemática Aplicada (eMap), o FGV Online é parte integrante do Instituto de Desenvolvimento Educacional (IDE), criado em 2003, com o objetivo de coordenar e gerenciar uma rede de distribuição única para os produtos e serviços educacionais produzidos pela FGV.

Em parceria com a Ebape, o FGV Online iniciou sua oferta de cursos de graduação a distância em 2007, com o lançamento do Curso Tecnológico em Processos Gerenciais. Em 2011, o curso obteve o selo CEL – teChnology-Enhanced Learning Accreditation – da *European Foundation for Management Development* (EFMD), certificação internacional baseada em uma série de indicadores de qualidade. Hoje, a graduação a distância oferecida pelo FGV Online é a única no mundo a ter sido certificada pela EFMD-CEL.

Em 2012, o portfólio de cursos superiores a distância aumentou significativamente. Além do Curso Superior de Tecnologia em Processos Gerenciais, novos cursos estão sendo oferecidos: Curso Superior de Tecnologia em Gestão Comercial, Curso Superior de Tecnologia em Gestão Financeira, Curso Superior de Tecnologia em Gestão Pública, Curso Superior de Tecnologia em Gestão de Turismo, Curso Superior de Tecnologia em Marketing.

Ciente da relevância dos materiais e dos recursos multimídia em cursos a distância, o FGV Online desenvolveu os livros que compõem a Coleção Práticas de Gestão com o objetivo de oferecer ao estudante e a outros possíveis leitores conteúdos de qualidade, trabalhados com o objetivo de proporcionar uma leitura fluente e confortável.

A coleção foi elaborada com a consciência de que seus volumes ajudarão o leitor – que desejar ou não ingressar em uma nova e enriquecedora experiência de ensino-aprendizagem, a educação a distância (EAD) – a responder, com mais segurança, às mudanças tecnológicas e sociais de nosso tempo, bem como em suas necessidades e expectativas profissionais.

Prof. Clovis de Faro
Diretor do Instituto de
Desenvolvimento Educacional

Prof. Flávio Vasconcelos
Diretor da Ebape – FGV

Prof. Carlos Osmar Bertero
Diretor acadêmico do Instituto
de Desenvolvimento Educacional

Prof. Stavros Panagiotis Xanthopoylos
Diretor executivo do FGV Online

Capítulo 1

Tendências da gestão de pessoas

Neste capítulo, apresentaremos uma visão introdutória da disciplina gestão de pessoas. Procuraremos desenvolver abordagens teóricas que permitam estabelecer, na prática, as tendências da gestão de pessoas. O principal objetivo é auxiliar no entendimento dos aspectos humanos das organizações de trabalho.

Os conflitos entre funcionários e as organizações onde trabalham

Um dos grandes desafios da gestão de pessoas é fazer com que os trabalhadores sintam-se bem com suas atividades, oferecendo-lhes condições adequadas para que tenham melhor desempenho.

É necessário evitar que ocorra um conflito radical entre os interesses pessoais dos trabalhadores – objetivos, sonhos, desejos – e os interesses corporativos, que representam as metas produtivas que precisam ser alcançadas.

Uma correlação de forças igual à mostrada na figura 1 é totalmente indesejável:

FIGURA 1: O conflito radical nas organizações

Na ocorrência do conflito radical representado na figura 1, os gestores fazem de tudo para tentar impor os interesses corporativos, obtendo uma aparente vitória no confronto com os funcionários. Para isso, usam sua autoridade, punindo os que não cumprem bem suas ordens e premiando os que se mostram mais passivos e obedientes.

Nessa situação, no entanto, todos os envolvidos saem perdendo, a começar pela empresa onde isso ocorre. Os funcionários só se tornam altamente produtivos, só colocam seus talentos, seu interesse, sua criatividade e seu comprometimento a favor do serviço que desempenham quando se sentem contemplados em seus interesses e objetivos pessoais.

Frederick Taylor propôs que cada trabalhador fosse remunerado de acordo com o volume de sua produtividade, pois julgava que, ao partilhar os resultados do processo produtivo com eles, a organização poderia alcançar a plena harmonia entre os interesses corporativos e os dos funcionários, conforme demonstrado na figura 2.

FREDERICK TAYLOR

Um dos pioneiros do estudo da administração, Taylor viveu no início do século passado e, assim como muitos de seus seguidores, preocupou-se com esse conflito, adotando uma visão que podemos chamar de utópica.

FIGURA 2: Proposta utópica

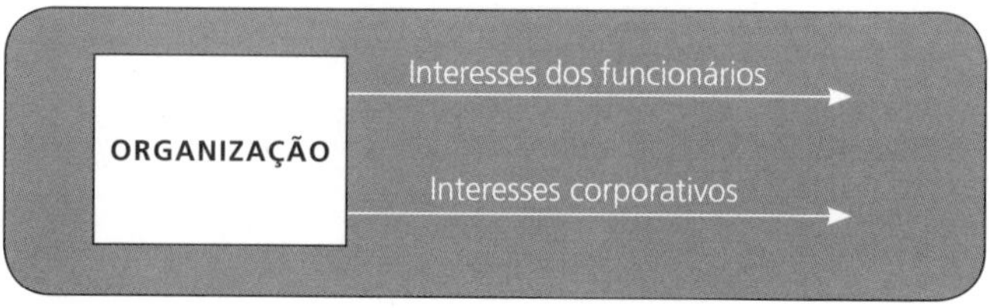

COMENTÁRIO

É verdade que os métodos adotados por Taylor multiplicaram vertiginosamente a produtividade. Não conseguiram, todavia, aplacar os conflitos de interesse entre os dirigentes e os trabalhadores. Ao contrário, os funcionários das organizações que aplicaram a proposta "taylorista" sentiram-se muitas vezes explorados. Tanto assim que ele foi considerado "o inimigo público número 1 dos trabalhadores americanos" pela Central Sindical daquele país, chegando a responder a um inquérito aberto pelo Congresso por pressão dos sindicatos.

A política de concessão de salários crescentes não é suficiente para garantir a motivação para o trabalho, principalmente quando os métodos de produção adotados se revelam desumanos. Isso não significa que o salário não seja importante. Uma remuneração justa ajuda a evitar a desmotivação e se revela como uma espécie de pré-requisito para a plena satisfação dos empregados.

Outros estudiosos, anos depois dos escritos pioneiros de Taylor, desenvolveram uma proposta que visava à total integração dos interesses corporativos com os dos trabalhadores, por meio da manutenção de um bom tratamento aos funcionários e do oferecimento de um bom ambiente de trabalho.

Elton Mayo e sua equipe desenvolveram em uma fábrica norte-americana a chamada"Experiência de Hawthorne", cujas conclusões contribuíram para a construção de uma nova abordagem das teorias administrativas. Esta ação ficou conhecida como a "escola de relações humanas" (Souza e Ferreira, 2006).

ELTON MAYO

O australiano Elton Mayo é considerado o fundador do movimento das relações humanas, tendo se oposto aos princípios científicos do trabalho de Taylor.

Da mesma forma que o salário, o bom tratamento não é suficiente para promover a integração total pretendida pela chamada "proposta utópica". Isso porque sempre ocorrerão conflitos de interesse entre os objetivos individuais e corporativos. Por mais humano e participativo que seja o estilo gerencial adotado por uma organização, mesmo que investimentos significativos sejam efetuados para o bem-estar dos funcionários, haverá momentos em que os interesses individuais e corporativos não serão coincidentes.

COMENTÁRIO

A gestão de pessoas hoje busca construir uma situação em que sejam admitidas diferenças de interesse, até porque o conflito pode ter aspectos positivos sem, contudo, criar um confronto radical, que acaba por se tornar estéril (ver figura 3).

Experiência de Hawthorne

Realizada em 1927 pelo Conselho Nacional de Pesquisas dos Estados Unidos, em uma fábrica da Western Electric Company, situada em Chicago, no bairro de Hawthorne, com a finalidade de determinar a relação entre a intensidade da iluminação e a eficiência dos operários medida por sua produção.

Proposta utópica

É aquela que não apresenta possibilidade de ser colocada em prática com sucesso, apesar de se revelar correta e desejável.

FIGURA 3: Relação de dirigentes *versus* funcionários nas organizações: proposta viável

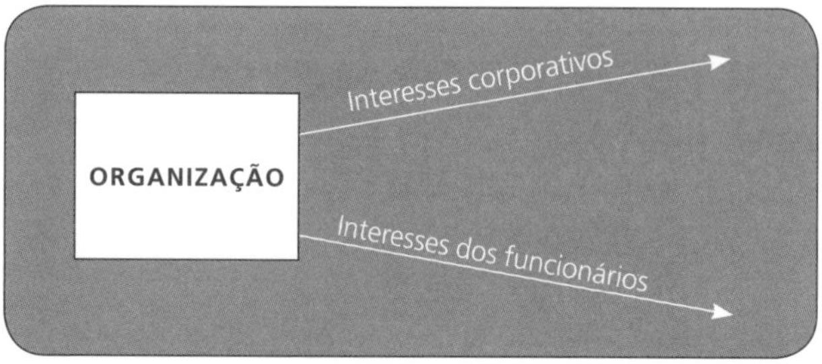

Para alcançar esse objetivo, é preciso que as organizações adotem políticas e práticas adequadas de gestão de pessoas. Essa é uma tarefa especialmente difícil nos tempos atuais, por causa das grandes transformações em curso na sociedade.

Atualmente, o mundo do trabalho é bastante diferente do que encontrávamos há algumas décadas. Surgiram novas tendências para a gestão de pessoas em consequência das mudanças observadas na sociedade e nos modelos de gestão organizacional. Entre as mudanças observadas na forma como as pessoas precisam ser gerenciadas, destacam-se as seguintes:

Motivação e comprometimento de todos os funcionários

As políticas de gestão de pessoas precisam ser aplicadas de forma eficaz a todos os funcionários, independentemente do cargo que ocupam.

Hoje, em um contexto em que as tarefas simples e repetitivas são atribuídas às máquinas, não existem mais cargos em que a motivação de seus ocupantes não exerça um papel preponderante na qualidade resultante de seus esforços.

COMENTÁRIO

As tarefas simples e repetitivas, atribuídas à maioria dos trabalhadores na forma de produção típica da era industrial, podiam ser desempenhadas sem significativa necessidade de que os funcionários estivessem motivados com seu trabalho e comprometidos com o sucesso da empresa. Com uma supervisão rigorosa, era possível manter trabalhando de forma eficiente até mesmo pessoas descontentes.

Adoção de regimes de múltiplas tarefas

As funções diversificadas são confiadas aos trabalhadores, pois requerem habilidades diferenciadas.

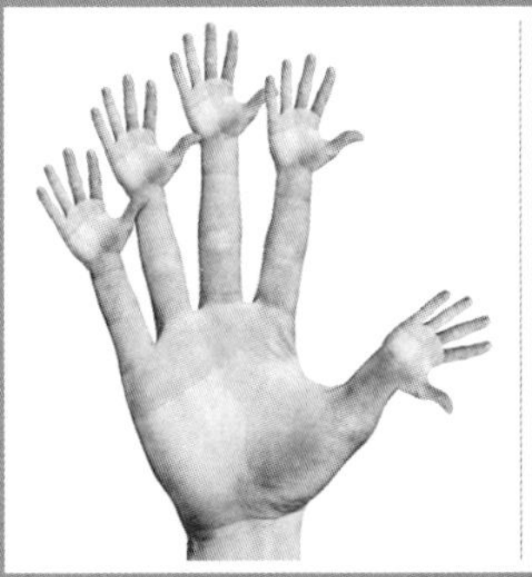

No novo modelo, inspirado nas condições de trabalho típicas da sociedade pós-industrial, busca-se atribuir a cada pessoa um conjunto ampliado de tarefas. Operações muito simples e repetitivas são hoje executadas por computadores, robôs e outras máquinas.

COMENTÁRIO

Os modelos tradicionais de produção são atribuídos aos trabalhadores de tarefas simples e bem delimitadas. A principal razão para essa opção é a crença de que quanto mais especializado for o profissional, quanto mais ele se concentrar em uma determinada operação, mais habilidade desenvolverá para executá-la com eficiência.

Investimento na educação continuada

A orientação profissional e os programas de capacitação para o desenvolvimento de competências necessárias ao exercício da profissão são fundamentais, assim como os treinamentos específicos para as tarefas cotidianas do trabalho.

Nos novos modelos de gestão, a constante aquisição de conhecimentos e habilidades por todos os trabalhadores é vista como fundamental. Os esforços não devem, porém, limitar-se ao treinamento em si.

COMENTÁRIO

Até há alguns anos, a maioria das organizações pouco investia em treinamento e limitava-se a oferecer a seus empregados a capacitação essencial para a correta execução de suas tarefas. Muitas vezes, tal capacitação ocorria somente com o acompanhamento de um funcionário mais antigo junto a um novato. Mesmo quando ocorriam atividades formais de treinamento, estas costumavam ser direcionadas para uma espécie de adestramento dos trabalhadores.

Adoção de estruturas horizontais de trabalho, baseadas na cooperação e no ajustamento mútuo

A comunicação lateral entre setores de mesmo nível hierárquico é estimulada sempre que os gestores principais estão envolvidos. Os órgãos hierarquicamente superiores são acionados apenas em casos específicos.

Nos novos modelos de gestão, busca-se a integração por meio do desenvolvimento de uma cultura de cooperação, na qual todos compartilham a missão da organização e percebem suas funções como parte do conjunto de tarefas que precisam ser cumpridas de forma harmônica.

COMENTÁRIO

Uma das disfunções típicas das organizações burocráticas é a centralização excessiva das decisões nos ocupantes dos cargos de chefia. Sempre que surge, nessas organizações, uma necessidade de conciliação de interesses entre os diversos órgãos ou pessoas que as compõem, tal conciliação é feita pelos ocupantes de cargos de chefia, de acordo com a escala hierárquica. Ocorre, assim, a chamada "integração vertical", com o acionamento constante dos escalões superiores para mediar conflitos e garantir a "integração interpessoal" e "intersetorial".

Ênfase no compartilhamento de responsabilidades com os funcionários
Valorização da divisão de responsabilidades entre gestores e funcionários.

Faz-se necessária a adoção de modelos de gestão que partam de pressupostos distintos dos anteriores e que valorizem o compartilhamento de responsabilidades com os funcionários

COMENTÁRIO

Os primeiros teóricos da administração, além de diversos gestores, incluindo vários dos dias de hoje, procuraram reduzir ao mínimo o grau de responsabilidade atribuída aos trabalhadores. Essa proposta teve sua origem a partir da chamada "Teoria X", conforme Douglas McGregor denominou a percepção que prevalece entre os gestores. Nela, foram estabelecidas crenças de que as pessoas não gostavam de trabalhar e o faziam apenas para manter seu sustento.

Integração vertical

Ocorre quando uma organização adota uma gestão muito centralizada, fazendo com que o relacionamento interno (setores de pessoas) seja sempre regulado por meio da hierarquia.

Integração interpessoal

Competência através da qual o indivíduo se relaciona bem com as outras pessoas, distinguindo sentimentos (intenções, motivações, estados de ânimo) pertencentes ao outro, buscando reagir em função destes sentimentos.

Integração intersetorial

Busca de ações integradas da gestão e da prestação de serviços, ou seja, articulação de saberes e experiências no planejamento, realização e avaliação de ações para alcançar efeito sinérgico em situações complexas.

Teoria X

Parte do princípio de que os empregados de uma organização são por natureza preguiçosos e tudo vão fazer para evitar o trabalho. Esta teoria também assume que os empregados não gostam do seu trabalho, não gostam da mudança, evitam a responsabilidade, não têm ambição e são mais focados em si mesmos do que nos objetivos da organização.

Adoção da gestão participativa
Valorização da participação dos funcionários na organização.

A participação representa uma das mais eficazes estratégias para comprometer os empregados com as metas organizacionais. Além disso, é possível reduzir a resistência aos processos de mudança que constantemente precisam ser implementados.

COMENTÁRIO

Grande parte de nossas organizações ainda não adota modelos participativos, embora o desejo de participação seja algo natural na vida do ser humano.

Estas são algumas das principais características da gestão de pessoas nas organizações contemporâneas. No entanto, uma nova forma de vínculo profissional que cresce em importância é a terceirização, que apresenta alguns desafios peculiares, como veremos a seguir.

Novos desafios: a gestão de trabalhadores terceirizados

Uma das tendências observadas nos modelos de gestão contemporâneos é a adoção da terceirização. Vamos enfocar algumas características associadas a esse tema, destacar as vantagens de terceirizar e também conhecer os problemas que podem ser ocasionados quando o processo não é bem conduzido.

CONCEITO-CHAVE

A terceirização pode ser definida como um processo de gestão pelo qual as organizações repassam algumas atividades para terceiros, com os quais estabelecem uma relação de parceria, ficando concentradas apenas em tarefas essencialmente ligadas aos negócios em que atuam (Giosa, 1997).

Entre os principais motivos que têm levado diversas organizações a terceirizar parte de suas atividades produtivas, destacam-se os seguintes:

Concentração no centro dos negócios
Com a crescente complexidade observada nos processos produtivos, fica cada vez mais difícil para qualquer organização dedicar-se a múltiplas tarefas que envolvam competências distintas.

As tarefas consideradas essenciais para o sucesso de uma organização são aquelas que estão diretamente relacionadas ao seu *core business*, ou seja, ao centro de seu negócio.

Elevação da qualidade
Terceiros contratados são especialistas nos produtos e serviços fornecidos e, por isso, é bastante provável que possam oferecê-los com um elevado nível de qualidade.

É necessário que se faça uma boa seleção de parceiros e que se estabeleçam parâmetros de produção e de compromissos para que se possa garantir a elevação da qualidade.

Agilidade e flexibilidade
Terceiros contratados, por serem especialistas nos produtos e serviços fornecidos, apresentam condições de realizar a entrega, mesmo que a quantidade e a forma sejam alteradas.

O ambiente corporativo é marcado pela instabilidade na demanda e pela necessidade de constantes alterações nas estratégias de mercado. Assim, essa facilidade representa um importante diferencial.

Redução de custos
Terceiros contratados, por serem especialistas nos produtos e serviços fornecidos, são capazes de ofertar os produtos com custos mais reduzidos.

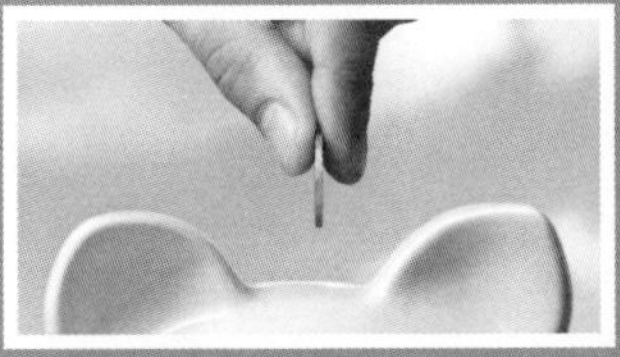

As empresas contratadas como terceiras conseguem, de fato, ter custos reduzidos em função da escala de produção em que trabalham e da capacidade técnica diferenciada que possuem como especialistas que são nos produtos e serviços fornecidos.

Os motivos descritos justificam a adoção da terceirização como importante ferramenta para aumentar a competitividade de uma organização. Nem sempre, porém, os processos de terceirização têm uma base consistente e sustentável. Vejamos, a seguir, alguns aspectos negativos que costumam incidir sobre os trabalhadores terceirizados:

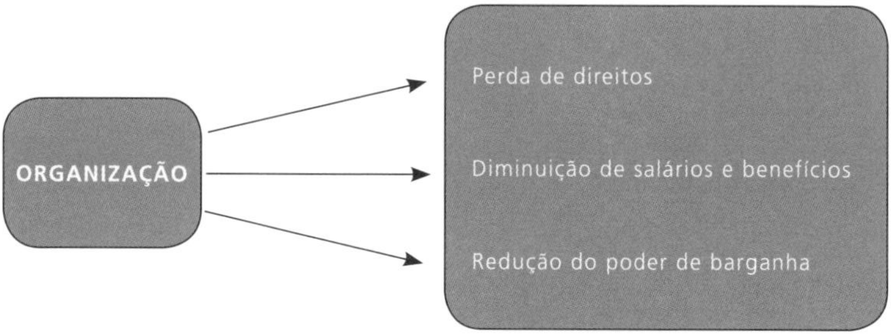

COMENTÁRIO

Há casos em que o único objetivo da terceirização é alcançar economia de recursos, sendo esta obtida principalmente por meio da exploração dos trabalhadores ou da redução da qualidade dos produtos e serviços fornecidos. Nesses casos, as perdas posteriores podem suplantar os ganhos imediatos proporcionados, o que gera problemas graves.

Existem diferenças significativas em muitas organizações, entre os direitos e vantagens oferecidos aos trabalhadores que permanecem no seu quadro próprio e aqueles que são terceirizados.

Quando as recompensas monetárias, o estímulo ao desenvolvimento, as oportunidades de aprendizado no trabalho e a qualidade das relações estabelecidas com os supervisores ocorrem somente para o quadro permanente de trabalhadores, isso pode se tornar um problema para a organização.

Em decorrência, por parte do quadro de trabalhadores terceirizados, o comprometimento com os resultados da empresa, a cooperação interpessoal e a satisfação com o trabalho podem cair.

No que se refere à legislação, um dos aspectos legais que deve ser considerado são as atividades que podem, de acordo com as leis do Brasil, ser terceirizadas. Este é o caso do que chamamos de atividades-meio em geral e de trabalho temporário.

COMENTÁRIO

Há empresas no Brasil que buscam a terceirização como uma forma de reduzir os gastos com a folha de pagamento, ainda que à custa de incorrer em situações que podem se transformar em problemas jurídicos.

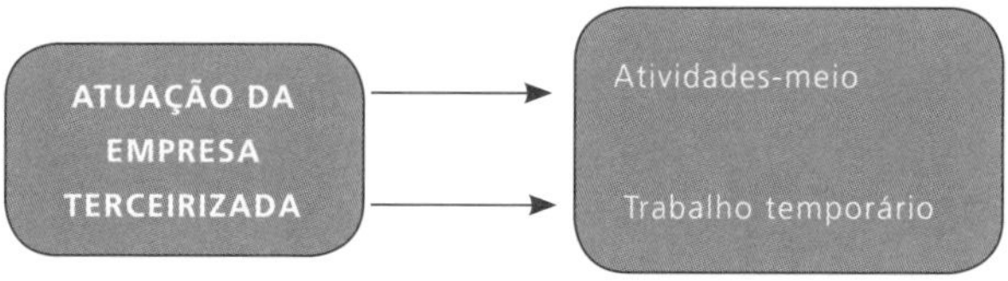

As atividades-fim, entendidas como aquelas relacionadas no contrato social das empresas ou nos estatutos das associações civis, não podem ser terceirizadas.

COMENTÁRIO

Há casos em que os funcionários demitidos nos processos de terceirização são convidados a constituir uma firma para continuar a prestar serviços para sua antiga empregadora, agora sob a forma de terceirizados. Essa situação exige cuidados especiais, para que não se caia na ilegalidade.

A terceirização deverá ocorrer somente a partir de alguns cuidados previstos em lei devidamente estabelecidos entre a empresa terceirizada e a empresa contratante:

Empresa terceirizada	Empresa contratante
• Possui independência efetiva em relação à contratante. • Apresenta sede própria.	• Não pode submeter os funcionários terceirizados à subordinação direta.

Se a firma funciona apenas nas dependências da contratante e utiliza os equipamentos de propriedade desta, configura-se uma clara falta de autonomia, o que pode configurar a ilegalidade da terceirização.

Supervisão
A existência de subordinação caracteriza o vínculo empregatício.

É fundamental que a empresa contratada mantenha os supervisores de suas equipes no local em que seus funcionários trabalham, a fim de evitar que se reportem diretamente aos gerentes das contratantes.

Também é fundamental controlar o recolhimento de tributos e encargos trabalhistas por parte das empresas contratadas.

A gestão de funcionários terceirizados representa um dos numerosos desafios que precisam ser superados em uma época conturbada e marcada pela complexidade e pela incerteza como a nossa. No entanto, há um grande número de estratégias e técnicas que podem ajudar na superação de tais desafios.

Capítulo 2

Gestão do desempenho

Neste capítulo, enfocaremos uma atividade de grande importância para as organizações – a gestão do desempenho de seus funcionários. Abordaremos os principais métodos que podem ser utilizados, refletiremos sobre a eficácia de alguns processos avaliativos e algumas medidas que podem ser adotadas para superar as dificuldades que costumam surgir em sua aplicação. Destacaremos também a metodologia de avaliação 360 graus e diversas questões que afetam o desempenho, incluindo desde questões pessoais dos funcionários a características da organização e do ambiente externo em que está inserida.

A gestão do desempenho, quando bem realizada, proporciona aos gestores informações sobre a performance que vem sendo mantida pelos funcionários. Também sinaliza o quanto as práticas de gestão de pessoas têm sido adequadas. Os resultados alcançados possibilitam o desenvolvimento de ações que contribuam para o aprimoramento profissional de cada trabalhador e para o aperfeiçoamento do modelo de gestão adotado.

COMENTÁRIO

Infelizmente, algumas organizações ainda não possuem modelos adequados para o desenvolvimento dessa atividade. Uma parte, aliás, não desenvolve qualquer esforço nesse sentido. Outra, por sua vez, aplica metodologias avaliadoras burocráticas, que pouco contribuem para o alcance dos objetivos que deveriam ser perseguidos. Talvez uma das razões que expliquem esse problema seja a dificuldade que muitos parecem sentir em avaliar outras pessoas. Como a avaliação é uma etapa fundamental para a gestão do desempenho, todo o processo poderá ser comprometido. Não basta, todavia, alcançar uma avaliação eficaz. É preciso que se tenha uma política de gestão de pessoas capaz de proporcionar aos funcionários condições adequadas ao incremento de seu desempenho.

Uma metodologia que tem sido adotada por um número crescente de organizações é a avaliação 360 graus. Essa é uma importante opção para a construção de sistemas mais maduros e abrangentes e a minimização de algumas distorções frequentemente associadas à avaliação tradicional.

A efetivação da avaliação se dá por meio da utilização de algum método que viabilize o levantamento das informações que caracterizam o desempenho observado em cada avaliado (Bergamini e Beraldo, 1998; Lucena, 1995). Entre os métodos mais utilizados destacam-se os seguintes:

Medidas objetivas

Indicadores objetivos, geralmente expressos em números, podem contribuir para a aferição do desempenho profissional.

COMENTÁRIO

O receio e o despreparo em trabalhar com aspectos subjetivos, somados à atração que nossa sociedade tem por dados quantitativos, costumam induzir à busca de referenciais objetivos. As medidas objetivas vão, portanto, ao encontro dessas características. Embora possam ser utilizadas de forma complementar a outros métodos, não devem ser adotadas como única nem mesmo como principal fonte de referência, dadas as limitações aqui descritas.

EXEMPLO

Medidas objetivas

- Absenteísmo: taxa elevada de faltas ao trabalho. Este é um indicador simples e objetivo da existência de problemas com os empregados. É, no entanto, um método limitado, que não distingue as ausências ocasionadas por desmotivação daquelas geradas por motivo de doença ou outros impedimentos independentes da vontade do empregado.
- Produtividade: constitui outro indicador bastante objetivo do desempenho. Muitas vezes, porém, torna-se difícil separar os problemas de produtividade diretamente relacionados à performance do trabalhador daqueles ocasionados por deficiências da estrutura, das máquinas, dos sistemas de informação e outros que independem do empregado. Além disso, nem sempre é possível separar a produção individual de cada trabalhador, uma vez que muitos produtos e serviços são fruto de esforços coletivos.

Escalas gráficas
Fatores de avaliação previamente definidos.

O avaliador marca, em formulário próprio, o ponto correspondente à situação de cada trabalhador na escala.

Há três tipos básicos de escalas gráficas:

- escalas gráficas contínuas — neste modelo, são definidos apenas os pontos extremos da escala, podendo a marcação ser efetuada em qualquer ponto intermediário;

Escalas gráficas contínuas

CRIATIVIDADE: 1 ———————————————— 5

1	5
Não é criativo. Limita-se a cumprir as determinações recebidas.	É bastante criativo. Procura sempre descobrir novas formas de trabalhar.

- escalas gráficas semicontínuas — diferenciam-se das contínuas por terem assinalados pontos intermediários entre o mínimo e o máximo;

Escalas gráficas semicontínuas

CRIATIVIDADE: 1 —— 2 —— 3 —— 4 —— 5

1	2	3	4	5
Não é criativo. Limita-se a cumprir as determinações recebidas.				É bastante criativo. Procura sempre descobrir novas formas de trabalhar.

- escalas gráficas descontínuas — neste modelo, são definidas previamente as opções que poderão ser assinaladas pelo avaliador.

Escalas gráficas descontínuas

CRIATIVIDADE:	1	2	3	4	5
	Não é criativo. Limita-se a cumprir as ordens recebidas.	É pouco criativo, buscando raramente algum tipo de inovação.	É razoavelmente criativo, mas poderia desenvolver-se mais nesta área.	Apresenta bom nível de criatividade, buscando, geralmente, encontrar novas soluções para os problemas.	É bastante criativo, procurando sempre descobrir novas formas de trabalhar.

Das três opções, a que nos parece mais adequada é a última, porque reduz a possibilidade de haver divergências de interpretação do significado de cada grau que pode ser atribuído pelos avaliadores e facilita a tabulação dos resultados.

COMENTÁRIO

A vantagem dessa metodologia em relação às outras escalas gráficas é que não há a necessidade de serem colocadas as diferentes possibilidades de resposta em ordem crescente ou decrescente. Com isso, podem ser mesclados conceitos mais positivos com outros mais negativos, o que faz com que o avaliador tenha que, necessariamente, ler com atenção as sentenças em vez de assumir uma posição cômoda de, por exemplo, considerar o avaliado um bom funcionário e marcar um determinado grau em todos os indicadores, sem uma adequada reflexão.

Escolha forçada
Similar ao teste de múltipla escolha.

O avaliador escolhe a alternativa que mais ou menos se aplique ao avaliado, em cada bloco de frases. Utiliza frases descritivas relacionadas ao desempenho.

ESCALA FORÇADA

Sobre o relacionamento interpessoal mantido pelo avaliado com seus colegas, a frase que melhor o representa é:

( ) Trata a todos de forma cordial, mas apresenta comportamento introvertido e não desenvolve relações de maior proximidade.

( ) Demonstra dificuldades no relacionamento com os colegas e age muitas vezes de forma inadequada.

( ) Mantém um excelente relacionamento com os colegas e é muito querido pelo grupo.

Frases descritivas

Este método diferencia-se da escolha forçada pelo fato de não trabalhar com blocos de frases e sim com sentenças isoladas, que devem receber marcação positiva ou negativa.

O avaliador precisa posicionar-se sobre cada sentença em separado, ao invés de responder a uma múltipla escolha.

COMENTÁRIO

Como vantagens desse método, temos a maior atenção que exigirá do respondente e a possibilidade de que sejam feitas, posteriormente, análises cruzadas dos respostas dadas, a fim de verificar se houve coerência entre elas.

Incidentes críticos

Neste método, solicita-se ao avaliador que descreva situações em que o avaliado tenha se destacado de modo positivo de negativo. Ou seja, trabalha-se com situações extremas de sucessos e fracassos vivenciados.

Os supervisores deverão observar e registrar situações percebidas ao longo do período avaliativo que indiquem as principais qualidades e deficiências de seus liderados. As primeiras indicam as potencialidades que poderão ser exploradas, e as segundas, os defeitos a serem corrigidos.

COMENTÁRIO

Trata-se de um método que, assim como ocorre com as medidas objetivas, deve ser utilizado apenas de forma complementar a outras metodologias. Avaliar uma pessoa com base apenas em suas manifestações extremas pode induzir à perda da qualidade do processo e valorizar as situações que, na verdade, são exceções.

Autoavaliação

Percepção dos funcionários sobre o próprio desempenho.

A autoavaliação funciona a partir de questionários estruturados – perguntas objetivas com respostas predefinidas –, de questionários com perguntas abertas ou de entrevistas. Pode ser empregado como método auxiliar, para possibilitar entendimento de diversas questões que podem ser mais bem explicadas pelos próprios avaliados.

COMENTÁRIO

Este método também não deve ser utilizado isoladamente. É importante que a opinião de cada pessoa sobre o próprio desempenho seja checada a partir de outros fatores. Além de haver uma tendência natural no ser humano de valorizar-se, e assim preservar sua autoestima, alguns podem "mascarar" as respostas, com medo das consequências que podem advir de uma avaliação negativa.

Observação direta
Visualização dos padrões desejáveis.

É bastante utilizado na avaliação de cargos que envolvem atendimento ao público. Podem ser contratadas pessoas de fora da organização para se fazerem passar por clientes e oferecer, posteriormente, um *feedback* sobre a qualidade do atendimento recebido.

COMENTÁRIO

A observação direta tem como principais limitações o constrangimento que pode ser gerado quando o funcionário tem ciência de que está sendo monitorado e a possibilidade de que os momentos observados sejam atípicos, de modo a não refletir o padrão de desempenho dos avaliados.

Entrevistas
Questões desenvolvidas para conhecer melhor o avaliado.

As entrevistas possuem questões que ajudam a construir indicadores a respeito do desempenho dos avaliados em cada fator considerado.

COMENTÁRIO

Este é um método bastante eficaz, porque possibilita maior aprofundamento das respostas e o esclarecimento das dúvidas que venham a ser suscitadas. Apresenta, todavia, algumas dificuldades. Além de exigir a disponibilidade de pessoas qualificadas para a condução das entrevistas, leva um tempo maior para ser implementado.

Cada método exposto apresenta vantagens e limitações próprias. Independentemente do método escolhido, algumas distorções podem ocorrer e tornar os resultados alcançados menos fiéis à realidade. Entre tais distorções, destacam-se as seguintes:

Leniência

Leniência é o abrandamento de juízo feito por um avaliador a um avaliado, atitude popularmente conhecida como "colocar panos quentes nos problemas".

Efeito de halo

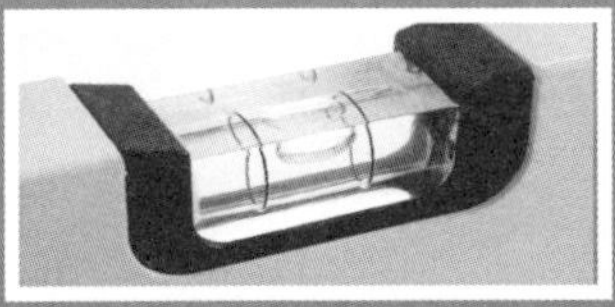

É a tendência de nivelar o julgamento de uma pessoa por cima ou por baixo.

COMENTÁRIO

Esta distorção apresenta a possibilidade dos empregados de melhor desempenho receberem avaliações menos favoráveis, e de outros com desempenho mais baixo obterem conceitos melhores. Se a avaliação estiver diretamente relacionada à ascensão funcional, como ocorre em muitas organizações, essa distorção causará prejuízos graves aos funcionários avaliados com maior rigor e poderá gerar sentimentos de injustiça e insatisfação.

COMENTÁRIO

Esta distorção também apresenta a possibilidade de um empregado ser malvisto pelo avaliador por ter sérias deficiências em alguns aspectos e, consequentemente, ser mal-avaliado em quesitos nos quais ele não apresente problemas. Por outro lado, aqueles que são vistos como bons empregados poderão receber notas altas em todos os quesitos, mesmo naqueles em que deixam um pouco a desejar.

Obstáculos políticos

Ocorrem quando o avaliador distorce a avaliação por interesses de caráter político, com o objetivo de, por exemplo, manter uma boa imagem de seu setor ou ficar bem com algum superior que seja "padrinho" de um dos empregados avaliados.

Obstáculos interpessoais

São distorções que ocorrem quando o avaliador se deixa levar por simpatias ou antipatias pessoais e não consegue dissociar a qualidade do relacionamento que mantém com o avaliado em questão.

Erro de tendência central

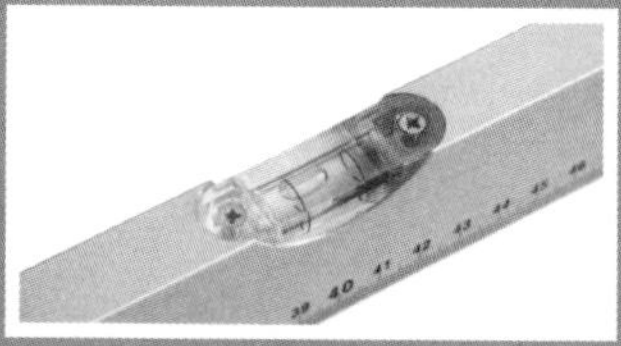

Esta distorção manifesta-se quando o avaliador evita efetuar distinções entre os avaliados e opta por nivelar todo o grupo em graus medianos nas escalas oferecidas.

Recenticidade

Ocorre quando o avaliador prende-se aos fatos mais recentes relacionados ao desempenho do avaliado, em vez de atribuir conceitos e ter como base todo o período considerado.

Erro de similaridade

Esta distorção manifesta-se quando o avaliador concentra sua atenção especialmente nos comportamentos que mais percebe em si mesmo (Reis, 2010).

COMENTÁRIO

Neste tipo de distorção, o avaliador torna-se tendencioso e acaba por identificar-se como instrumento de comparação em relação aos avaliados. Se, por exemplo, o avaliador considera-se uma pessoa muito organizada e disciplinada, tende a valorizar bastante essas características nas pessoas por ele avaliadas, e passa a ser mais favorável àquelas que também se revelam fortes nesses aspectos e desfavorável às que não os manifestam de forma significativa.

Estímulo à competição interna

Esta distorção tende a associar a ideia de classificação da superioridade de uma pessoa em relação às demais do mesmo setor. Sua ocorrência pode gerar sérios danos à equipe.

Estímulo à passividade

Nesta distorção, os funcionários passam a adotar padrões de comportamento estabelecidos pela organização, de modo a se tornar pessoas passivas.

Um grande número de organizações possui modelos de gestão de inspiração mecanicista, nos quais um dos valores centrais é a constante busca da observância dos padrões estabelecidos pelos dirigentes. A classificação da superioridade mencionada pode, em decorrência, estimular a competição interna e degradar o relacionamento interpessoal.

COMENTÁRIO

A visão mecanicista, presente em muitos modelos avaliativos, induz os funcionários a adotarem atitudes passivas, o que compromete qualidades fundamentais para um bom desempenho em ambientes corporativos complexos como, por exemplo, a iniciativa, a criatividade e a ousadia.

Não existem maneiras de eliminar totalmente as distorções aqui citadas. Podemos, entretanto, minimizá-las por meio da conscientização e do treinamento dos avaliadores. Os critérios a serem utilizados no processo de avaliação devem ser explicados em detalhes e as distorções mais comuns deverão ser apontadas. O aprimoramento do modelo de gestão adotado e o desenvolvimento de uma cultura de valorização da avaliação também são fundamentais para a obtenção de resultados mais consistentes.

Devemos ter em mente, também, que a avaliação de desempenho é mais uma questão de atitude do que de técnica. Quando se cria uma cultura favorável ao recebimento de críticas e de busca pelo autodesenvolvimento, os membros da organização buscarão, naturalmente, participar de forma positiva dos processos avaliadores e poderão reduzir bastante a possibilidade de ocorrência de distorções (Bergamini e Beraldo, 1998).

Como aprimorar a avaliação de desempenho?

Sabemos que em gestão de pessoas não devem ser aplicadas fórmulas prontas, como se fossem uma receita de bolo, para serem usadas em qualquer situação. É necessário que cada organização construa uma metodologia adaptada as suas características e necessidades. Podemos, no entanto, relacionar algumas características que se revelam importantes, conforme segue em destaque:

Definição clara do que se pretende avaliar

Devem ser definidos, com clareza, os objetivos a serem perseguidos no programa de gestão do desempenho. Tal decisão depende de diversos fatores, como a cultura corporativa ou as necessidades decorrentes do modo de produção adotado.

Sensibilização dos avaliadores e dos avaliados

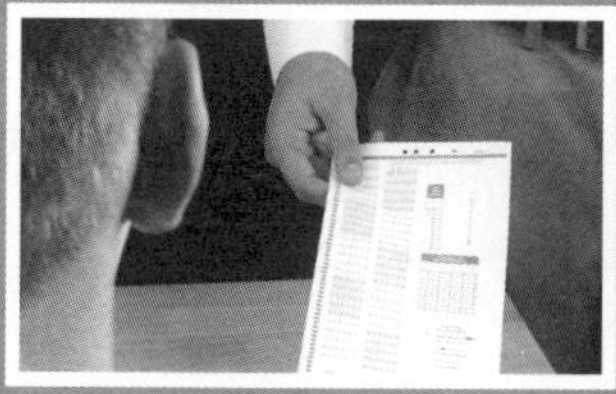

O trabalho de sensibilização é fundamental, porque algumas vezes são encontradas dificuldades no momento de fazer a avaliação de forma oficial e sistemática.

Garantia de *feedback* adequado aos avaliados

Esta é uma grande oportunidade de favorecer o aprimoramento profissional, pois, se o funcionário conhece o grau de satisfação atribuído a seu desempenho, poderá melhorá-lo.

COMENTÁRIO

Em algumas organizações, os resultados da avaliação de cada pessoa ficam arquivados em seus assentamentos funcionais, sem antes ser conhecidos pelo próprio avaliado. Essa situação contribui, também, para o agravamento das resistências que costumam surgir por parte dos avaliados, uma vez que ficarão temerosos do que lhes poderá acontecer sempre que forem convocados para tratar de assuntos sigilosos.

Sigilo sobre informações de terceiros

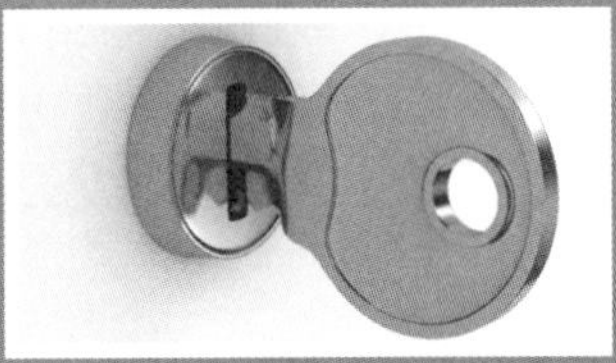

Os funcionários não devem saber que há comparação de seu desempenho com o obtido pelos colegas de trabalho, nem saber a respeito de comentários positivos e negativos feitos sobre outras pessoas (Bergamini e Beraldo, 1998).

Avaliação dos fatores intervenientes no desempenho

Há uma série de fatores condicionantes, organizacionais e pessoais que afetam de modo significativo o desempenho do indivíduo. É importante que esses fatores sejam avaliados e considerados durante o processo.

COMENTÁRIO

Nem sempre o desempenho alcançado é resultado apenas da capacidade do funcionário e do interesse demonstrado por ele, embora esses fatores apareçam, de modo costumeiro, como foco central da atenção nos processos avaliativos.

Percepção da avaliação como um processo contínuo

O ato de avaliar e dar *feedback* ao avaliado deve ser uma prática inerente ao dia a dia do relacionamento entre os gerentes e seus liderados. A adoção dessa prática evitará o surgimento de muitos conflitos e permitirá a resolução de problemas antes que estes se agravem.

COMENTÁRIO

A maioria das organizações promove a avaliação de desempenho apenas periodicamente – normalmente, uma vez por ano. O mais adequado seria o desenvolvimento de uma cultura favorável à avaliação contínua.

Contemplação da autoavaliação

A adoção deste tipo de processo contribui, tanto para o amadurecimento do grupo, quanto para a busca mais efetiva do autodesenvolvimento.

Avaliação em via de "mão dupla"

A percepção dos funcionários sobre o desenpenho de seus líderes é muito importante e deve ser considerada pela organização um subsídio para o aprimoramento de suas práticas de gestão.

COMENTÁRIO

É muito importante que os trabalhadores também tenham a oportunidade de avaliar seus supervisores. Além da avaliação ascendente – de baixo para cima – e descendente – de cima para baixo –, outras podem ser inseridas, tais como a lateral – avaliação entre pares – ou ainda avaliações por clientes internos e externos.

Adoção de número adequado de indicadores

O excesso de indicadores gera dois problemas: induz a um menor cuidado na atribuição dos conceitos, devido ao cansaço do avaliador; e causa dificuldades na tabulação e análise dos dados levantados, por constarem em volume excessivo.

Adoção de indicadores diferenciados

Cada setor da organização possui características e necessidades diferenciadas, que precisam ser consideradas no momento da escolha dos indicadores a serem adotados na avaliação de desempenho.

Previsão de diálogo entre avaliadores e avaliados

É ideal que sejam previstos diálogos entre avaliadores e avaliados no decorrer do período, pois essa interação poderá facilitar a correção de eventuais problemas detectados. A ideia é que estes sejam revertidos antes do registro final da avaliação.

COMENTÁRIO

Os ciclos avaliativos dos processos de avaliação de desempenho têm, normalmente, duração de um ano. No final deles, são coletadas as informações que caracterizarão o desempenho observado em cada pessoa.

Manutenção do foco no valor agregado

É fundamental que o foco principal da avaliação repouse sobre indicadores que caracterizem o chamado valor agregado, o qual representa a contribuição oferecida ao alcance dos objetivos da organização.

COMENTÁRIO

A adoção de indicadores direcionados apenas para a verificação da adequação do comportamento dos funcionários aos padrões estabelecidos pode ser considerada uma das deficiências encontradas em muitos sistemas de avaliação de desempenho. Fatores como pontualidade e assiduidade, por exemplo, indicam apenas o quanto o avaliado demonstrou ser disciplinado, mas pouco acrescentam à verificação do desempenho efetivamente alcançado.

Iremos conhecer, agora, a avaliação 360 graus. Ela é uma das formas mais modernas e eficazes para a estruturação de programas de avaliação.

Avaliação 360 graus

A avaliação 360 graus é uma modalidade em que cada avaliado recebe *feedback* de seus supervisores, liderados, colegas de setor, clientes internos e outro público que seja considerado relevante. Trata-se, portanto, de significativa ampliação no número de avaliadores tradicionalmente adotado.

A rede de pessoas que participam da avaliação de cada funcionário deve incluir os indivíduos com os quais ele mantém uma constante interação profissional e sobre os quais tenha impacto significativo. Nesse grupo devem estar pessoas de fora da organização, como os fornecedores e os parceiros de negócios (Rocha Pinto et al., 2007). Podemos também acrescentar à relação de possíveis avaliadores os clientes atendidos pelo funcionário, desde que com ele mantenham relações constantes, a ponto de saber distinguir com clareza suas qualidades e deficiências.

É importante esclarecer que em alguns casos a avaliação 360 graus é vista como uma panaceia – remédio para todos os males – ou é adotada por simples modismo, o que acaba por gerar frustração no lugar dos resultados esperados (Reis, 2010).

> **COMENTÁRIO**
>
> Muitas organizações têm adotado sistemas de avaliação desse tipo. Há, todavia, aquelas que o fazem sem ter clareza dos limites e possibilidades desse instrumento e criam expectativas exageradas em relação aos resultados que podem ser alcançados.

É preciso considerar que, a despeito de tratar-se de uma metodologia moderna e, em princípio, muito positiva, nem todo contexto é adequado para sua adoção.

Um dos principais aspectos que precisam ser considerados no momento de se decidir pela adoção dessa metodologia é a forma como tende a ser percebido o fato de que os gerentes serão avaliados por seus liderados. Há organizações cuja cultura é bastante avessa a esse tipo de manifestação, que pode ser entendida como uma espécie de insubordinação, uma ameaça à hierarquia. Nesses casos, pode não ser recomendável a adoção da avaliação ascendente sem que antes ocorra uma mudança cultural.

É uma pena que uma resistência assim ocorra, pois estudos realizados em companhias que adotam esse tipo de avaliação há mais de uma década revelaram que os funcionários costumam ter uma percepção muito acurada do seu gerente. Mostraram, também, que os impactos gerados na organização eram predominantemente positivos, o que proporcionava significativa contribuição para o desenvolvimento do corpo gerencial. Quando os gerentes comparavam os resultados das avaliações feitas por seus liderados com as suas próprias percepções, tendiam a ser envolvidos em processos de reflexão que lhes proporcionavam maior nível de consciência sobre o impacto dos seus atos sobre as outras pessoas.

A operacionalização da avaliação pode ser feita de diferentes modos, destacando-se, na maioria das organizações, o *preenchimento de formulários* e as *entrevistas individuais com os avaliadores.*

No primeiro caso, são disponibilizados formulários – eletrônicos ou não – que depois são tabulados por um programa próprio ou por uma pessoa responsável.

No segundo, um profissional especialmente treinado fica incumbido de realizar entrevistas individuais com os avaliadores e depois faz um resumo das respostas obtidas. Em seguida, consolida um relatório para cada avaliado.

Essa opção revela-se também bastante favorável à obtenção de informações mais consistentes, embora exija maior cuidado em sua preparação e aplicação. Tal tarefa deve ser desempenhada, preferencialmente, por um consultor externo. Ao serem entrevistados por alguém de fora da organização, isto é, neutro em relação aos jogos de poder internos, os avaliadores tenderão a se sentir mais à vontade para emitir opiniões.

Quando se adota uma metodologia de avaliação como a 360 graus, o resultado final desejado é o desenvolvimento profissional proporcionado pelo estímulo da mudança comportamental. Devemos lembrar que esse tipo de mudança costuma ser limitado pelo contexto organizacional e pelas características individuais.

É preciso que se considere, também, que o recebimento de *feedbacks* de múltiplos avaliadores é uma experiência que tende a ser acompanhada de intensa mobilização emocional. Com isso, muitas pessoas podem não estar preparadas para recebê-los e utilizá-los de forma produtiva com a mesma intensidade (Reis, 2010).

Capítulo 3

Educação corporativa: do treinamento à gestão do conhecimento

Neste capítulo, abordaremos a educação corporativa, desde os tradicionais treinamentos à moderna proposta de gestão do conhecimento. Como veremos, a difusão do conhecimento, a valorização da educação e o desenvolvimento da capacidade de aprendizagem revelam-se vitais tanto no nível individual, para garantia da empregabilidade, quanto no organizacional, para preservação da competitividade. Focalizaremos treinamento de pessoal, educação continuada e gestão do conhecimento.

O contexto social e mercadológico no qual as organizações estão atualmente inseridas é caracterizado por uma complexidade crescente. Questões como o processo de globalização, a emergência de novos valores pessoais e a redescoberta da qualidade de vida têm contribuído para o surgimento de novos paradigmas organizacionais (Vergara, 2012).

Na verdade, a busca por capacitação para o bom desempenho das atividades organizacionais não é apenas uma preocupação dos dias atuais. Mesmo antes da Revolução Industrial e do surgimento dos primeiros estudos científicos da administração havia, nas oficinas artesanais, processos sistemáticos da aprendizagem pela prática, envolvendo mestres e aprendizes. O que estamos observando agora é o aprimoramento, a ampliação e o redirecionamento dos esforços de educação corporativa.

O aprendizado organizacional e a busca de aquisição de competências essenciais para a obtenção de uma competitividade sustentável têm merecido uma maior atenção dos gestores. Os ativos que geram e difundem o conhecimento têm sido percebidos como possuidores de igual ou maior valor do que os de natureza física. O conhecimento passa a ser percebido como a maior fonte de riqueza e diferenciação dos indivíduos, das organizações e dos países. O domínio de formas eficazes de gerenciamento desse novo ativo torna-se, portanto, uma enorme fonte de eficiência e lucros (Stewart, 1998).

Os processos sistemáticos de educação direcionados especificamente para a vida profissional podem ser classificados como treinamento. As atividades de treinamento têm como objetivo oferecer um melhor preparo para o desempenho dos cargos a partir do desenvolvimento de algumas habilidades (Souza e Ferreira, 2006).

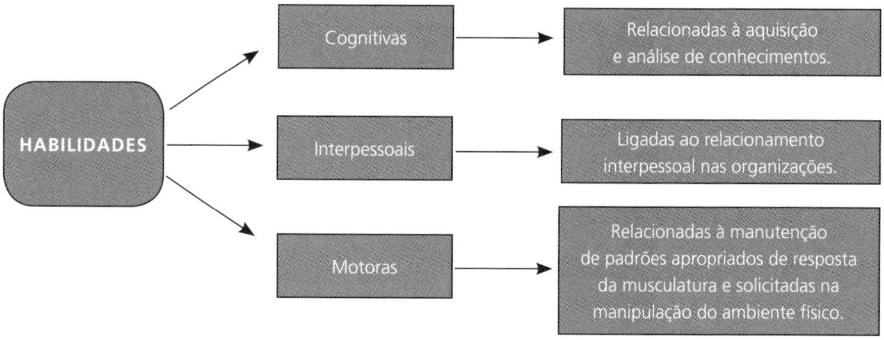
HABILIDADES
Cognitivas
Relacionadas à aquisição e análise de conhecimentos.
Interpessoais
Ligadas ao relacionamento interpessoal nas organizações.
Motoras
Relacionadas à manutenção de padrões apropriados de resposta da musculatura e solicitadas na manipulação do ambiente físico.

As organizações costumam investir em treinamento pelos seguintes motivos:

Deficiências observadas na educação regular

As empresas percebem que os estudantes saem das escolas e faculdades com nível de conhecimento muito aquém do desejável.

Características peculiares de alguns cargos

Alguns cargos exigem adaptação dos empregados recém-contratados.

Constante evolução tecnológica

As empresas necessitam que os empregados estejam sempre atualizados em relação ao conhecimento mais recente.

Além dos motivos apontados, as empresas precisam que os funcionários se adaptem aos processos de trabalho. Desta forma, elas visam:

- a padronização e a busca da qualidade nas rotinas e no atendimento ao cliente;
- o investimento no inesgotável potencial de crescimento encontrado nos seres humanos, a fim de favorecer a inovação e a criatividade no trabalho.

Um número crescente de organizações tem investido em treinamento, porém muitas vezes retornos significativos não são alcançados. Um dos principais motivos da falta de eficácia nas ações de treinamento é o fato de essas ocorrerem, por vezes, de forma desarticulada e assistemática.

COMENTÁRIO

É comum encontrarmos situações em que a inscrição de funcionários em cursos ou seminários ocorre por indicação de suas chefias que, ao lerem prospectos de divulgação, julgam interessantes as propostas apresentadas. Nesses casos, ainda que o curso ou o seminário em si possa ser bem conduzido, há um sério risco de que sejam gerados impactos pouco significativos em termos de elevação de produtividade ou superação de limitações profissionais, objetivos mais comumente associados aos treinamentos.

As organizações que desenvolvem esforços mais consistentes na área de capacitação são aquelas que elaboram programas de treinamento articulados com os seus objetivos e necessidades e organizados de forma a se obter um retorno consistente. As etapas do processo de treinamento, apresentadas a seguir, representam as ações que devem ser empreendidas para a construção de tais programas.

O primeiro passo para a implementação de um programa de treinamento é o disgnóstico das necessidades da capacitação e o que se quer desenvolver nos funcionários. Se este trabalho for feito de forma correta poderá evitar a promoção de cursos desvinculados dos interesses da organização, que representarão ônus sem o benefício correspondente.

O diagnóstico de necessidade de treinamento deve englobar três níveis de análise complementares:

Análise organizacional

Este tipo de análise evita que os problemas de capacitação sejam particularizados nos empregados ou que as necessidades individuais sejam privilegiadas em relação àquelas de caráter organizacional. Envolve o estudo da empresa como um todo, isto é, seus objetivos, recursos – a distribuição desses recursos para a consecução dos objetivos – e o ambiente socioeconômico e tecnológico no qual está inserida.

COMENTÁRIO

É importante que sejam considerados para sua execução fatores como o planejamento estratégico, as características básicas dos funcionários e do corpo gerencial e a cultura organizacional, entre outros aspectos que possam contribuir na determinação do perfil e das necessidades da organização.

Análise das operações e tarefas

Este tipo de análise fundamenta-se nos requisitos exigidos para o bom desempenho de cada cargo. Envolve a identificação das habilidades, dos conhecimentos, das atitudes e dos comportamentos que devem ser desenvolvidos em todos os ocupantes de um determinado cargo.

COMENTÁRIO

Os subsídios para a efetivação da análise de operações e tarefas podem ser extraídos do plano de cargos e salários, caso a organização o possua, ou pela efetivação de uma análise de cargos, atividade que consiste no levantamento das diversas tarefas executadas pelo trabalhador para, a seguir, verificar as exigências de capacitação delas decorrentes.

Análise individual

Este tipo de análise é o mais comum nas organizações, pois os gestores normalmente enfocam as necessidades de capacitação que percebem em cada indivíduo no momento de decidir em que cursos irão investir.

Após a análise da organização e dos cargos, faz-se necessária a reflexão sobre cada empregado a fim de verificar suas potencialidades de crescimento e os eventuais problemas apresentados no desempenho que poderão ser corrigidos com o treinamento.

Sugere-se que após a efetivação das três análises descritas seja feita a consolidação das necessidades diagnosticadas em um conjunto único, a fim de reunir os cursos recomendados para inclusão nos programas de treinamento da organização. Tais cursos precisarão ser colocados em ordem de prioridade, porque os recursos para executá-los normalmente não são suficientes para atender a todos.

Programação de treinamento

É preciso sempre encontrar soluções para carências detectadas a partir do diagnóstico de necessidades de treinamento. Assim, partindo-se das conclusões da etapa anterior, deverão ser definidas as seguintes questões:

- **O que precisa ser ensinado?**
  Detalhamento dos cursos, definindo suas justificativas, seus objetivos e seus conteúdos programáticos.
- **Quem deverá ser treinado?**
  Definição dos participantes do programa – todos os empregados, todos os ocupantes de um determinado cargo ou algumas pessoas especificamente.
- **Que método adotar?**
  Escolha do tipo de treinamento e das técnicas de ensino mais adequados.

- **Quando treinar?**
  Determinação da época mais oportuna para a realização dos cursos, a partir da elaboração de um calendário anual.
- **Qual a fonte de treinamento que poderá ser utilizada?**
  Definição de quem ministrará os cursos, sejam empregados da própria organização, consultores externos ou instituições especializadas.
- **Quanto custará o treinamento?**
  Cálculo dos custos, o que inclui a taxa de inscrição ou remuneração do instrutor, os materiais e as despesas com transportes, hospedagem e alimentação, entre outros gastos.

As organizações costumam elaborar programas anuais de treinamento. Considerando-se, porém, a limitação natural dos recursos financeiros, humanos e de tempo, não é possível contemplar todas as necessidades de treinamento diagnosticadas. Faz-se necessário, assim, o estabelecimento de uma escala de prioridades para determinar o que deve ser efetivado em primeiro lugar e as necessidades que deverão ser atendidas posteriormente.

Uma das questões fundamentais que deverão ser respondidas no momento da programação é sobre o tipo de treinamento a ser adotado. Além dos cursos tradicionais, podem ser adotadas outras formas de capacitação como:

Treinamento no local de trabalho

Este é um tipo de treinamento que pode ser ministrado pelo gerente, por um empregado mais experiente ou por um consultor externo, e procura unir a teoria à prática, o que possibilita a incorporação imediata dos conhecimentos adquiridos.

Palestras e seminários

São formas de treinamento que podem ser utilizadas para transmissão de conhecimentos específicos de maneira rápida e objetiva. Costumam ser mais empregadas em treinamento de empregados de nível superior e de gerentes.

Instrução programada

Trata-se de uma série de estudos a respeito de um determinado tema, com dados teóricos e orientações práticas. A execução é feita de forma individualizada, por meio da autoinstrução. É possível realizar treinamentos a distância.

A escolha do treinamento mais adequado deverá ter como base a natureza do conhecimento ou habilidade a desenvolver, uma vez que já terá sido detectada a carência de alguma competência. A proposta deverá atender as características dos treinandos e a disponibilidade de recursos da organização.

Execução do treinamento

A execução do treinamento não está centrada somente na postura a ser adotada pelo instrutor. Para além das relações metodológicas, há uma série de fatores, muitas vezes ignorados, mas que podem fazer toda a diferença para que a execução do treinamento seja um sucesso. Preocupações aparentemente simples, como dispor de um local de aprendizagem adequado em relação à acústica, ao espaço utilizado pelo grupo que será treinado e à temperatura, estão diretamente ligadas ao compromisso de ofertar um trabalho de qualidade. Caso o treinamento necessite utilizar recursos audiovisuais, é fundamental realizar os devidos testes, a fim de evitar surpresas desagradáveis.

Avaliação do treinamento

A avaliação do treinamento é a etapa final do processo, porque visa a aferir a qualidade e a adequação do treinamento, a partir dos resultados obtidos, do alcance dos objetivos propostos e do impacto obtido junto aos treinandos.

Alguns tipos de avaliação possuem instrumentos para coletar dados a respeito do quanto os treinandos absorveram durante o treinamento. Isso deverá ocorrer durante o período do treinamento. Usualmente, estes instrumentos são conhecidos em algumas empresas pelas seguintes referências:

Avaliação de verificação do aprendizado

Seu objetivo é verificar o quanto os treinandos absorveram daquilo que lhes foi transmitido no processo de ensino-aprendizagem; pode ser feita por meio de provas e trabalhos. Deve ser adotada com cautela, para que não sejam criadas resistências à participação em cursos, em função do temor de que a obtenção de notas mais baixas implique prejuízos funcionais e desgaste na imagem do empregado.

Avaliação de reação

Seu objetivo é saber a opinião dos participantes do treinamento a respeito do curso, nos seus mais diversos aspectos, especialmente os que vão da adequação do conteúdo ministrado à eficiência das atividades de apoio, passando pelo desempenho docente e a qualidade de recursos instrucionais utilizados.

A avaliação de reação proporciona um *feedback* aos organizadores do curso e ao instrutor, que pode ser bastante útil no aprimoramento dos futuros processos de treinamento.

A opinião dos treinandos pode ser levantada oralmente, pois desta forma cada um terá a oportunidade de expressar sua opinião sobre o curso. Também é possível realizar este tipo de avaliação através da aplicação de questionários. Esta segunda forma apresenta as vantagens de facilitar a participação de pessoas tímidas, porque deixa os treinandos mais à vontade para formular críticas – normalmente não é preciso se identificar –, e oferece um registro escrito das opiniões.

Avaliação de resultados do treinamento

As duas preocupações básicas desta avaliação devem ser: determinar até que ponto o treinamento realmente produziu as modificações desejadas nos empregados e verificar se os resultados obtidos contribuíram efetivamente para o alcance dos objetivos da organização.

COMENTÁRIO

A aferição do alcance dos resultados esperados pode se dar através de entrevistas posteriores com os treinandos e seus supervisores. Outra forma possível é a comparação entre a produtividade mantida antes e depois do treinamento. Podem ser considerados alguns indicadores relacionados ao corpo de funcionários da organização, tais como os níveis de absenteísmo e de *turnover* – rotação de pessoal, ou seja, índice de mudanças no quadro funcional por desligamentos da empresa –, as punições impostas aos empregados e os resultados de avaliação de desempenho, entre outros.

No que tange às tarefas e operações, podem ser avaliadas a elevação da produtividade, a melhoria observada na qualidade dos produtos e serviços e a redução dos índices de acidente, entre outros fatores.

EM RESUMO

A melhoria na qualidade dos produtos e serviços, a elevação da produtividade e a redução dos índices de acidentes poderão ser observadas com o tempo, uma vez que as respostas presentes nos instrumentos de avaliação ajudarão a empresa a tomar a decisão mais acertada para aquele momento.

Educação continuada

Alguns conhecimentos adquiridos na formação inicial, ou seja, provenientes das escolas e faculdades ou incorporados nos cursos de formação profissional tornam-se rapidamente obsoletos, o que exige investimento permanente na educação dos trabalhadores. Isso torna necessária a criação de uma cultura de aprendizagem contínua e com foco ampliado, que favoreça o crescimento pessoal e profissional dos funcionários. A chamada educação continuada representa uma resposta mais eficaz a essa necessidade.

CONCEITO-CHAVE

Educação continuada é uma interpretação da educação como processo que se prolonga por toda a vida, o que torna o conhecimento um eixo a ser construído permanentemente durante a formação humana. A educação deve, portanto, ser vista como um processo infinito.

O uso da palavra "educação" revela a ampliação do foco de atenção aqui destacado. A finalidade comumente associada ao treinamento é a aquisição ou o aperfeiçoamento de um conjunto bem específico de conhecimentos técnicos, habilidades motoras e comportamentais que possam ser imediatamente aplicáveis na realização das tarefas que precisam ser desempenhadas pelos trabalhadores. A educação continuada rompe com esse imediatismo, porque procura desenvolver o indivíduo para aumentar seu conhecimento de forma geral.

Pode-se considerar que a educação continuada não se faz apenas com a promoção de cursos, ainda que os esforços sejam significativos a ponto de se dizer que a empresa possui uma universidade corporativa. Embora válidas, as iniciativas direcionadas nesse sentido podem levar a certa acomodação por parte do empregado e fazer com que não sejam buscadas alternativas de formação fora do ambiente profissional. A revisão da forma como o indivíduo é percebido na organização e, consequentemente, das relações de trabalho e dos modelos de gestão, representa parte importante das estratégias que precisam ser adotadas. A indicação de leituras, filmes, peças de teatro ou sites da internet, bem como o oferecimento de programas de estágio são exemplos de formas alternativas de educação continuada.

COMENTÁRIO

A verdadeira educação continuada consiste em auxiliar o indivíduo a participar ativamente do mundo que o cerca, a incorporar vivências relevantes não apenas para o seu aprimoramento profissional como também para o seu desenvolvimento pessoal, o qual precisa ser buscado com o entendimento da notável complexidade que envolve cada pessoa.

Os modelos de gestão que predominam nas organizações revelam-se, no entanto, desfavoráveis à percepção de que as pessoas devam buscar oportunidades de aprendizado dentro ou fora da organização. Os trabalhadores têm sido, na maioria das organizações, reduzidos a uma mera variável produtiva que precisa ser controlada, a um recurso cujo aprimoramento se faz necessário para que seja alcançada uma maior eficiência (Chanlat, 1996; Davel e Vergara, 2010).

Gestão do conhecimento

A gestão do conhecimento contempla a articulação entre duas áreas da gestão: a de pessoas, que contribui com o entendimento do comportamento humano e dos fatores que facilitam o aprendizado, e a de tecnologia de informação, que oferece o suporte técnico necessário para a preservação e distribuição das informações geradas. Abrange também duas perspectivas complementares:

- a individual, na qual são consideradas as necessidades de aprendizagem de cada pessoa;
- a organizacional, que enfoca o desenvolvimento de modelos de gestão que contribuam para a manutenção de um ambiente propício ao aprendizado (Sveiby, 2001).

CONCEITO-CHAVE

A gestão do conhecimento pode ser definida como um conjunto de processos estabelecidos com o objetivo de fomentar a geração, disseminação e utilização do conhecimento, com a finalidade de aumentar a capacidade para a plena realização dos objetivos da organização.

Nas últimas décadas, surgiram novos padrões de análise do valor de uma empresa. Se antes eram os ativos físicos que constituíam a principal unidade de valor, a sociedade pós-industrial trouxe a valorização dos ativos intangíveis relacionados ao conhecimento. As empresas mais propensas a alcançar sucesso hoje são aquelas que se revelam competentes para criar novos conhecimentos, disseminá-los em toda sua estrutura e incorporá-los a novas tecnologias e produtos.

Na chamada sociedade do conhecimento, não apenas o valor das empresas, mas também o sucesso do indivíduo depende diretamente da quantidade e da qualidade dos conhecimentos que ele conseguiu desenvolver e incorporar.

COMENTÁRIO

A gestão do conhecimento apoia-se em um tripé formado por pessoas, tecnologias e técnicas produtivas, e busca coordená-las de forma a favorecer a ampliação do conhecimento disponível, assim como daquele que deverá ser utilizado.

As pessoas participam como geradoras dos conhecimentos, sendo capazes de difundi-los e colocá-los em prática. As tecnologias constituem o necessário suporte para que todas as operações sejam bem-sucedidas, em especial a difusão, que é muito facilitada pelos recursos de informática disponíveis.

EM RESUMO

A gestão do conhecimento deve ser vista como um processo em espiral, que se inicia com o indivíduo que o gera, o incorpora e precisa expandi-lo, difundindo-se por toda a organização. É necessário, portanto, que os modelos de gestão sejam capazes de favorecer a difusão do conhecimento, de modo que este não fique restrito a uma pessoa em particular. É preciso promover a incorporação de inovações nos processos produtivos e estimular a evolução da cultura organizacional.

Capítulo 4

Gestão por competências

Neste capítulo, enfocaremos a gestão por competências, uma metodologia que tem trazido importantes mudanças nas políticas e práticas da gestão de pessoas. Apresentaremos seus conceitos básicos, os impactos que sua adoção gera na gestão de pessoas, um possível roteiro para sua implantação, a certificação de competências e o *balanced scorecard*, uma das metodologias que têm recebido crescente aceitação nas organizações.

No atual cenário, em que novos atributos profissionais ganham crescente importância, faz-se necessária a adoção de um novo direcionamento nos esforços de gestão de pessoas. A gestão por competências vem ao encontro dessa necessidade, e por isso tem sido adotada em diversas organizações.

Na chamada sociedade do conhecimento, para que as organizações possam aproveitar o potencial criativo e inovador de seus funcionários, uma nova postura se faz necessária.

Tal fato decorre da busca de ajustamento do indivíduo à organização e do tratamento dispensado ao ser humano, percebido, por vezes, como se fosse um mero recurso produtivo, como se percebe em diversos aspectos dessas políticas.

A expressão competência é utilizada na área de administração desde a publicação das primeiras teorias organizacionais. No entanto, aparecia com um sentido distinto do atual. Anteriormente, esse termo designava uma pessoa capaz de desempenhar de modo eficiente uma determinada função.

A partir da década de 1970, com o aumento da competição e a ampliação da preocupação das organizações em passar da simples eficiência produtiva para a eficácia, um novo sentido começou a ser construído. O foco deixou, então, de repousar apenas na capacidade, passando a privilegiar o desempenho, envolvendo não mais apenas os comportamentos adotados pelo indivíduo, como também as realizações por eles proporcionadas (Carbone et al., 2011).

DAVID McCLELLAND

Psicólogo norte-americano, apresentou três necessidades ou motivos como os responsáveis pelo comportamento humano. A essa teoria chamou de teoria da motivação pelo êxito e/ou medo.

David McClelland publicou, em 1973, o artigo "Testing for competence rather than intelligence" e enfocou o conceito de competência pela perspectiva do indivíduo. De acordo com essa abordagem, a competência proporciona à pessoa que a possui condições para manter um elevado desempenho na realização de suas tarefas produtivas.

> **CONCEITO-CHAVE**
>
> Não há, na verdade, um conceito único para o termo. Uma das mais conhecidas definições é a que diz ser competência um conjunto de conhecimentos, habilidades e atitudes que credenciam um indivíduo a exercer uma determinada função. Há autores, entretanto, que entendem ser a competência não um conjunto de qualificações do indivíduo e sim as realizações por ele alcançadas em seu trabalho.

Mais do que a busca por uma definição conceitual, o que se precisa é alcançar maior entendimento do papel das competências em uma organização. A adoção da gestão por competências proporciona, entre outras, as seguintes vantagens (Gramigna, 2007):

- a definição clara de perfis profissionais que podem favorecer a elevação da produtividade;
- um foco claro para os esforços de desenvolvimento das equipes, tendo como base as necessidades da organização e o perfil de seus funcionários;
- a priorização dos investimentos em capacitação, favorecendo a obtenção de um retorno mais consistente;
- o gerenciamento do desempenho por meio de critérios mais fáceis de serem observados e mensurados;
- a conscientização dos funcionários sobre a importância de que assumam a corresponsabilidade por seu autodesenvolvimento.

A adoção de um modelo de gestão por competências deve ser precedida das três condições a seguir destacadas, pois do contrário podem ocorrer grandes dificuldades e resistências (Italiani, 2005):

- conscientização sobre as especificidades de cada organização e de cada posto de trabalho que determinam a necessidade de contar com pessoas com perfis específicos em termos de competências;
- consciência, por parte dos que ocupam funções de liderança, de que têm sob sua responsabilidade proporcionar aos membros da equipe que supervisionam oportunidades para a aquisição e o desenvolvimento de competências;
- percepção de que as necessidades de desenvolvimento de competências são dinâmicas, e de que é preciso que a organização, em decorrência, invista continuamente nesse processo.

A implementação da gestão por competências deve ser feita de forma criteriosa, para que não resulte em frustração, tudo isso em razão do impacto que gera nas organizações. Tal como ocorre com outras ferramentas da gestão contemporânea, sua implementação sem os devidos cuidados impossibilita o aproveitamento de seu potencial e acaba por gerar resistências às mudanças. O roteiro a seguir pode servir de referência a esse processo (Orlean e Ferreira, 2005).

Obtenção do apoio dos dirigentes

Para ser bem-sucedida, a implantação da gestão por competências precisa contar com o apoio dos dirigentes da organização. Eles devem estar convencidos da conveniência da adoção dessa ferramenta e cientes das medidas que precisarão ser adotadas.

Sensibilização dos funcionários

Deve ser feita destacando-se a importância da gestão por competências para o sucesso da organização e os benefícios e vantagens que são proporcionados aos funcionários. Podem, por exemplo, ser promovidas palestras e realizados *workshops* que contribuam para um melhor entendimento da proposta adotada, o que facilitará sua aceitação pelos funcionários.

Definição de metas a alcançar e do escopo abrangido

Precisam ser selecionados os processos que são críticos para a organização e que se destacam por exigir a aplicação intensiva de conhecimentos. Essa seleção deve ser realizada tendo em vista o planejamento estratégico adotado. Escolhidos os processos que serão enfocados, são definidas as metas a ser perseguidas e os indicadores que podem ser adotados para o monitoramento e a avaliação dos trabalhos.

Mapeamento de processos e estruturas

Os processos críticos selecionados precisam ser analisados, de modo que seus impactos nas estruturas e nos processos organizacionais possam ser avaliados. Deve ficar claro que cargos e funções estão envolvidos em tais processos, além da forma como ocorre a execução das tarefas a eles relacionadas e a interação entre pessoas e setores que se faz necessária.

Mapeamento das competências

Após o estudo dos processos, é preciso mapear as competências individuais e organizacionais necessárias para sua execução eficaz. Esta é, portanto, uma atividade de grande importância para a implementação da gestão por competências, porque partirá dela o direcionamento das etapas posteriores.

Avaliação individual dos funcionários

A operacionalização dessa atividade pode ser realizada por meio da aplicação de testes e questionários construídos com foco no levantamento das competências que cada um possui. É preciso que fique bem claro, nesse momento, que o objetivo não é estabelecer punições ou premiações e sim subsidiar os processos de desenvolvimento pessoal e profissional.

Diagnóstico das lacunas a suprir

O nível de proficiência de uma pessoa deve ser comparado com o perfil desejável para que ela desempenhe de forma adequada o papel que lhe cabe na missão da organização. Essa identificação deve considerar as competências necessárias não apenas para o cargo ocupado de forma geral, como também para as principais atividades desempenhadas nos processos dos quais participa.

Identificação das ações a adotar

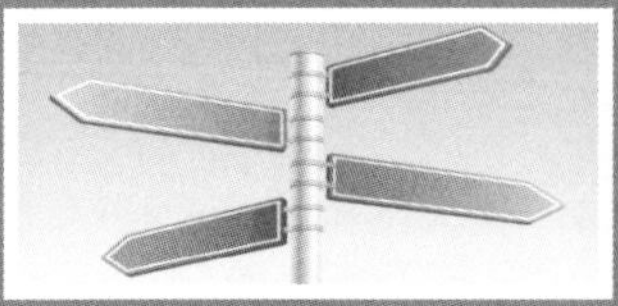

A partir do conhecimento das lacunas existentes, a organização pode optar pela readequação de seu quadro funcional ou pela realização de atividades de desenvolvimento pessoal e profissional para os atuais funcionários.

COMENTÁRIO

A primeira opção de substituição dos funcionários é mais traumática e deve ser adotada apenas quando ficar claro que uma determinada pessoa não possui potencial para adquirir as competências.

Deve-se considerar também que as condições de trabalho oferecidas pela organização dificultam, muitas vezes, o amadurecimento pessoal e profissional dos trabalhadores.

Avaliação dos resultados alcançados

Esta avaliação deve ser desenvolvida com base nos resultados e indicadores definidos como prioritários, de forma a se levar em conta o grau em que foram supridas as lacunas detectadas na organização como um todo ou em determinados funcionários. Trata-se de uma atividade fundamental para que se tenha clareza da adequação das metodologias adotadas.

Uma abordagem alternativa parte da formulação da estratégia da organização, com a definição de missão, visão de futuro, valores e objetivos estratégicos, os quais são desdobrados até chegar à definição das competências requeridas de cada funcionário, conforme exemplo proposto a seguir:

> Imaginemos uma organização que possua como um dos componentes de sua visão de futuro o reconhecimento dos consumidores pela excelência de seus produtos e serviço. Para a concretização dessa visão, poderia ser estabelecido o seguinte objetivo estratégico: "elevar o grau de satisfação dos clientes em relação aos produtos e serviços oferecidos pela empresa". Em seguida, alguns indicadores de desempenho seriam associados a esse objetivo como, por exemplo, a pontualidade da entrega dos pedidos feitos pelos clientes e o percentual de clientes muito satisfeitos com a empresa. Após essa definição, deveria ser aferido o grau em que cada indicador está sendo atendido e estabelecidas metas de melhoria futura. Identificados os indicadores em que a organização tem deixado a desejar, poderiam ser propostas ações corretivas, às quais seria associado um conjunto de competências que se revelam necessárias para sua implementação. Verificando-se quais dessas competências precisariam ser melhor desenvolvidas pelos funcionários, chega-se ao direcionamento das ações de capacitação a ser implementadas (Carbone et al., 2011:51-53).

EM RESUMO

Os processos aqui apresentados devem ser vistos como contínuos, para que possam exigir a realimentação do ciclo de atividades propostas. Conforme já destacado anteriormente, as competências são, por natureza, dinâmicas e variáveis. Faz-se necessária, portanto, a constante revisão das diretrizes adotadas, além da implementação do processo de avaliação dos resultados alcançados.

A gestão por competências também contribui para o aprimoramento de diversas atividades relativas a essa área, como veremos a seguir, começando pelo recrutamento e seleção.

Um aumento da objetividade no processo de escolha e um foco mais preciso são as principais vantagens na adoção da seleção com base em competências. Destacamos a seguir um exemplo de como pode ser implementada uma metodologia.

O processo de seleção por competências deve começar pelo mapeamento das competências que serão requeridas, de modo a se levar em conta os requisitos do cargo e do posto de trabalho a ser suprido. Esse mapeamento deve ser feito com base nos indicadores de desempenho adotados, os quais são desdobrados das metas e prioridades estabelecidas pela organização.

A partir do perfil mapeado de competências desejáveis, são estruturados processos de seleção com foco mais preciso. Algumas ferramentas podem ser utilizadas para que se reconheçam as competências que o candidato já possui.

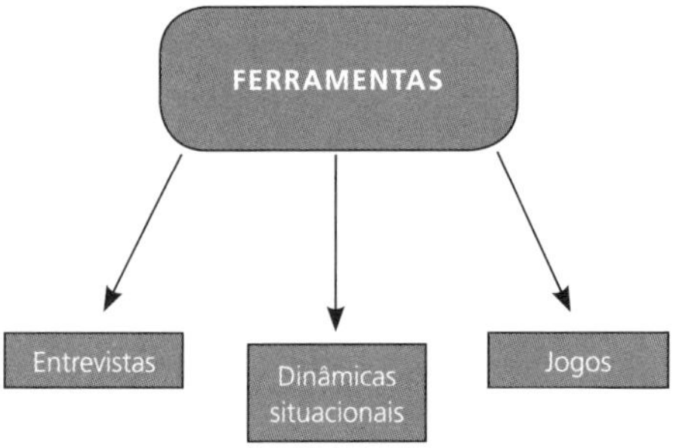

Para cada perfil de competência deve ser planejada uma entrevista personalizada.

COMENTÁRIO

Algumas perguntas encontradas com frequência nos processos seletivos tradicionais devem ser evitadas. Muitos candidatos já vão para as entrevistas com respostas prontas para tais perguntas, perdendo-se, assim, a eficácia da avaliação.

EXEMPLOS DE PERGUNTAS "MANJADAS"

- Fale três características positivas e três negativas que você possua.
- Como você agiria se estivesse no lugar de seu líder?
- O que você faria se tivesse uma incompatibilidade com um liderado?

A utilização de perguntas comportamentais, focadas em competências, gera melhores oportunidades de conhecer mais profundamente o comportamento do candidato. O ideal é que sejam feitas perguntas abertas, ou seja, sem opções prévias de resposta, sobre questões bem específicas, com verbos de ação no passado. Tais perguntas devem investigar os comportamentos que o candidato adotou em situações profissionais que vivenciou, a fim de indicar a presença ou ausência de competências específicas.

Os jogos, outra técnica interessante, devem ser criados ou escolhidos criteriosamente para observar a presença ou ausência das competências desejáveis no comportamento atual do candidato. Devem reproduzir comportamentos do dia a dia, e sua abordagem deve ocorrer de forma indireta. Isso contribui para reduzir a possibilidade de os candidatos adotarem comportamentos pré-direcionados.

EM RESUMO

A aplicação de procedimentos de seleção focados nas competências facilita o conhecimento dos candidatos, com base em características de real interesse para a organização. Benefícios significativos são também gerados para as ações relativas à gestão do desempenho, conforme destacado a seguir.

Desenvolvimento de pessoal

O desenvolvimento de pessoal é uma das áreas da gestão de pessoas que recebe mais impacto quando se adota a gestão por competências. Entre as diversas possibilidades para o desenvolvimento de competências, destacam-se quatro, que têm sido adotadas em diversas organizações e que abordaremos a seguir (Ulrich, 2003).

Implementação de um sistema modular de qualificação profissional

É indicado um conjunto de ações de desenvolvimento profissional que devem ser oferecidas aos funcionários. Os módulos devem acompanhar a evolução do indivíduo na carreira cumprida na organização e levar em consideração não apenas o cargo ocupado como também os principais dados do currículo de cada pessoa.

Parte-se do mapeamento das competências requeridas para o bom desempenho em cada cargo da instituição. Com isso, respeitam-se as diferenças individuais de qualificações já possuídas.

> **COMENTÁRIO**
>
> Uma das vantagens proporcionadas pela adoção dessa medida é a clareza que ela oferece em relação aos critérios para participação em atividades de desenvolvimento. Quando a organização não dispõe de um conjunto de atividades predefinidas para o cargo, podem ocorrer decisões arbitrárias sobre quais funcionários serão indicados a participar de um determinado evento, gerando insatisfação nos preteridos.

Esse sistema reduz, também, a possibilidade de que a participação nos programas de capacitação promovidos seja usada como instrumento de premiação ou punição. Alguns gestores indicam os funcionários dos quais mais gostam para participar de treinamentos como forma de premiá-los, e não indicam os menos produtivos, como forma de puni-los. Esse tipo de critério é equivocado e danoso à organização, pois pode resultar na participação infrutífera de um funcionário em uma atividade que não vai lhe trazer benefícios significativos. O funcionário improdutivo, que fica à margem do processo de desenvolvimento, por sua vez, tem a punição que lhe é imposta estendida à própria organização, pois fica sem oportunidades de melhorar suas competências, perpetuando sua baixa produtividade.

Promoção de outras atividades de desenvolvimento

Esse tipo de iniciativa tem como principal vantagem proporcionar o desenvolvimento através de atividades práticas. Com isso, as especificidades de algumas competências de difícil aquisição por meio da participação em cursos e outras atividades teóricas podem ser mais bem atendidas. Como exemplo, estas atividades podem ser feitas por designações para novos cargos ou novos setores – rotação de cargos –, estágios e participação em grupos de trabalho, além de comitês.

Promoção de atividades de treinamento baseadas na experimentação prática

Essa alternativa possibilita a junção em um só evento do aprendizado teórico e prático, o que a torna muito interessante. As atividades podem ser feitas por meio de jogos e estudos de caso, de modo a enfocar problemas organizacionais concretos.

> **COMENTÁRIO**
>
> O aprendizado teórico fica mais fácil e motivante quando acompanhado de sua aplicação prática, ainda que simulada. A prática, por sua vez, é aprendida de forma mais profunda e significativa quando sustentada por teorias que ajudem a interpretá-la.

Atividades de extroversão

São formas de oferecer aos funcionários oportunidades para refletirem, de forma crítica, sobre os desafios encontrados em seu dia a dia profissional. Grupos de discussão, pesquisas de opinião e programas de incentivo ao oferecimento de sugestões são exemplos desse tipo de atividade. A reflexão crítica contribui de forma significativa para o desenvolvimento de diversas competências e é também um importante fator motivacional para muitas pessoas, pois estas se sentem valorizadas quando são chamadas a opinar sobre seu trabalho.

> **COMENTÁRIO**
>
> As atividades de extroversão ajudam o indivíduo a descobrir competências que ele desconhecia. Tomando consciência de que as possui, ele poderá expandi-las e aprender a utilizá-las de forma construtiva.

A aplicação da gestão por competências, durante o desenvolvimento das atividades, pode cooperar para a redução dos problemas enfrentados, o que levará a gerar resultados mais consistentes.

Uma das principais fontes das dificuldades enfrentadas é a falta de clareza sobre os objetivos do processo avaliador em si. A gestão por competências proporciona definições claras sobre as necessidades que precisam ser atendidas na área de gestão de pessoas, as quais são derivadas das estratégias corporativas. Sua implantação favorece o surgimento de uma nova mentalidade na organização, trazendo clareza a respeito da necessidade de que o desempenho dos funcionários seja constantemente avaliado e redirecionado. A tendência é que, com isso, o clima organizacional seja menos afetado por receios a respeito das consequências geradas pela avaliação de desempenho.

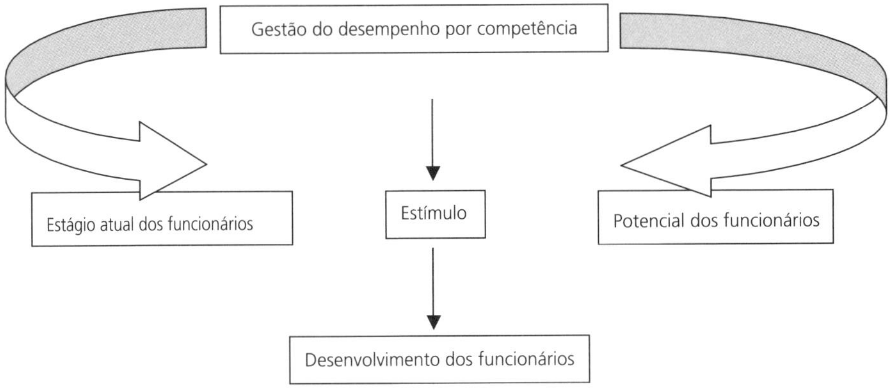

A gestão do desempenho por competências representa uma forma eficaz de identificar o potencial e o estágio atual de desenvolvimento dos funcionários, estimulando-os a assumir a responsabilidade pela busca da excelência. Uma das premissas básicas da avaliação do desempenho por competências é a de que o indivíduo tem capacidade para identificar as competências que possui, verificando seus pontos fortes e fracos, tendo em vista suas necessidades profissionais.

Uma das medidas recomendáveis para o aprimoramento da gestão do desempenho é a manutenção do foco no valor agregado. Uma das deficiências encontradas com certa frequência é a adoção de indicadores direcionados apenas para a adequação do comportamento dos funcionários aos padrões estabelecidos. Fatores como pontualidade e assiduidade, por exemplo, indicam somente o quanto o avaliado demonstrou ser disciplinado, mas pouco acrescentam à verificação do desempenho efetivamente alcançado. Devem, portanto, ser priorizados indicadores que caracterizem o chamado valor agregado, que representa a contribuição oferecida ao alcance dos objetivos da organização. A gestão por competências facilita o atendimento dessa recomendação à medida que envolve o desdobramento das estratégias corporativas, conforme já destacado.

Uma das críticas que costumam ser feitas pelos funcionários à política de gestão de pessoas das organizações em que trabalham é a falta de critérios por eles percebida nas decisões relativas à remuneração e à ascensão funcional. "Caixa preta" é um dos termos comumente utilizados para designar sistemas de gestão de carreira e remuneração que não têm critérios transparentes. A desmotivação é uma das consequências naturais da insatisfação que esse tipo de percepção gera.

> **COMENTÁRIO**
>
> Com a adoção da gestão por competências, cada pessoa passa a ter uma visão mais clara do plano de carreira e dos requisitos necessários para alcançar as promoções que almeja.

Em relação à remuneração, uma opção que se abre é o estabelecimento de salários baseados nas competências que cada funcionário possui entre as que são necessárias para o bom desempenho de suas funções. O conceito que sustenta esse tipo de sistema de atribuição de salários tem sido utilizado há bastante tempo em algumas ocupações como, por exemplo, a dos atletas profissionais. Sabemos que o que define a remuneração de um determinado jogador de futebol, por exemplo, não é o cargo que ele ocupa, similar ao dos demais companheiros de equipe, ou tampouco a função que desempenha – goleiro, zagueiro, atacante etc. As competências manifestas no desempenho de suas atribuições é o que diferencia os jogadores premiados com elevados salários.

Nas equipes de futebol, apesar do sistema de valorização dos jogadores já ser consagrado, não são utilizados instrumentos claros para medir as competências possuídas. A avaliação se dá com base em critérios subjetivos e não explicitados e, por isso, não pode servir de parâmetro para outros tipos de organização.

A implantação de um sistema de remuneração desse tipo precisa ser precedida da adoção de um conjunto de competências desejáveis e de indicadores para sua mensuração claramente estabelecidos. Com isso, a verificação do nível de desenvolvimento de cada funcionário será viabilizada sem que sejam criadas as distorções e insatisfações que a falta de critérios conhecidos gera.

Bibliografia

BERGAMINI, Cecília Whitaker; BERALDO, Deobel Garcia Ramos. *Avaliação de desempenho humano na empresa*. 4. ed. São Paulo: Atlas, 1998.

CARBONE, Pedro Paulo; BRANDÃO, Hugo Pena; LEITE, João Batista Diniz; VILHENA, Rosa Maria de Paula. *Gestão por competências e gestão do conhecimento*. 3. ed. Rio de Janeiro: FGV, 2011.

CHANLAT, J. F. *O indivíduo na organização:* dimensões esquecidas. 3. ed. São Paulo: Atlas, 1996.

DAVEL, Eduardo; VERGARA, Sylvia Constant. *Gestão com pessoas e subjetividade*. 4. ed. São Paulo: Atlas, 2010.

DAVENPORT, Thomas H.; PRUSAK, Laurence. *Conhecimento empresarial*: como as organizações gerenciam seu capital intelectual. Rio de Janeiro: Campus, 2001.

FLEURY, Afonso; FLEURY, Maria Tereza Leme. *Estratégias empresariais e formação de competências*: um quebra-cabeça caleidoscópico da indústria brasileira. 3. ed. São Paulo: Atlas, 2004.

GIOSA, Lívio A. *Terceirização*: uma abordagem estratégica. 5. ed. São Paulo: Pioneira, 1997.

GRAMIGNA, Maria Rita Miranda. *Modelo de competência e gestão dos talentos*. 12 ed. São Paulo: Pearson Education, 2007.

ITALIANI, Fernando. *Gestão de pessoas:* a principal ferramenta para o sucesso. Disponível em: <http://www.portaldomarketing.com.br/Artigos>. Acesso em 10 ago. 2005.

LUCENA, Maria Diva da Salete. *Avaliação de desempenho*. 2. ed. São Paulo: Atlas, 1995.

MARIN, A. J. (Org.). *Educação continuada:* reflexões, alternativas. Campinas, SP: Papirus, 2000.

MARIOTTI, H. *Organizações de aprendizagem:* educação continuada e a empresa do futuro. São Paulo: Atlas, 1995.

MORIN, Edgard. *Os sete saberes necessários à educação do futuro*. Brasília: Cortez-Unesc, 2000.

______. *A cabeça bem-feita*: repensar a reforma, reformar o pensamento. 5. ed. Rio de Janeiro: Bertrand Brasil, 2001.

MOTTA, Paulo Roberto. Todo mundo se julga vitorioso, inclusive você: a motivação e o dirigente. *Revista de Administração Pública,* Rio de Janeiro: FGV, n. 1, v. 20, pp. 117-29, jan./mar. 1986.

NONAKA, Ikujiro; TAKEUCHI, Hirotaka. *Criação de conhecimento na empresa*: como as empresas japonesas geram a dinâmica da inovação. 4. ed. Rio de Janeiro: Campus, 2000.

ORLEAN, Daniel; FERREIRA, Francisco. Mapeamento e gestão por competências na prática: metodologias e soluções tecnológicas. In: Congresso Nacional sobre Gestão de Pessoas *(CONARH)*. Anais... São Paulo, 2005.

RABADIO, Maria Odete. *Seleção por competência*. 2. ed. São Paulo: Educator, 2001.

REIS, Germano Glufke. *Avaliação 360 graus*: um instrumento de desenvolvimento gerencial. 3. ed. São Paulo: Atlas, 2010.

ROCHA PINTO, Sandra Regina da; PEREIRA, Cláudio de Souza; COUTINHO, Maria Teresa Correia; JOHANN, Sílvio Luiz. *Dimensões funcionais da gestão de pessoas*. 9. ed. Rio de Janeiro: FGV, 2007.

SOUZA, Agamêmnom Rocha; FERREIRA, Victor Cláudio Paradela. *Introdução à administração*: uma iniciação ao mundo das organizações. 7. ed. Rio de Janeiro: Pontal, 2006.

STEWART, T. A. *Capital Intelectual*: a nova vantagem competitiva das empresas. Rio de Janeiro: Campus, 1998.

SVEIBY, Karl Erik. *A nova riqueza das nações*: gerenciando e avaliando patrimônios de conhecimento. 4. ed. Rio de Janeiro: Campus, 2001.

ULRICH, Dave. *Os campeões de recursos humanos*: inovando para obter os melhores resultados. 8. ed. São Paulo: Futura, 2003.

VERGARA, Sylvia Constant. *Gestão de pessoas*. 11. ed. São Paulo: Atlas, 2012.

Sobre o autor

Victor Cláudio Paradela Ferreira é doutor em administração de empresas e mestre em administração pública pela Ebape/FGV. Foi subchefe especial de assuntos técnicos da Secretaria Municipal do Rio de Janeiro, supervisionando, entre outras, as atividades de desenvolvimento de recursos humanos. Atualmente, é professor dos cursos de pós-graduação em administração do Programa FGV Management e professor da Universidade Estácio de Sá de Juiz de Fora (MG), ministrando disciplinas na graduação e na pós-graduação nas áreas de teorias da administração e administração de recursos humanos.

Impressão e acabamento:
Grupo Smart Printer
Soluções em impressão